村务监督工作手册

中国共产党社旗县纪律检查委员会
社 旗 县 监 察 委 员 会 编

河南人民出版社

图书在版编目（CIP）数据

村务监督工作手册 / 中国共产党社旗县纪律检查委员会，社旗县监察委员会编．— 郑州：河南人民出版社，2022.8（2024.10 重印）

ISBN 978-7-215-13187-3

Ⅰ．①村… Ⅱ．①中… ②社… Ⅲ．①农村 – 基层组织 – 民主监督 – 社旗县 – 手册 Ⅳ．① D638-62

中国版本图书馆 CIP 数据核字（2022）第 151433 号

河南人民出版社出版发行

（地址：郑州市郑东新区祥盛街 27 号

邮政编码：450016 电话：65788035）

新华书店经销　　河南省环发印务有限公司印刷

开本　680 毫米 ×960 毫米　1/32　印张　3.75

字数　29 千字

2022 年 8 月第 1 版　　2024 年 10 月第 3 次印刷

定价：12.00 元

目　录

第一部分　基本知识

第二部分　清单流程

第三部分　文件规定

附　录

第一部分　基本知识

一、村务监督委员会的定位是什么

各行政村（社区）村（居）务监督委员会（本手册均称村务监督委员会或村监委会），是依法设立的村务监督机构，负责村民民主理财、监督村务公开等制度的落实。

二、总体要求是什么

全面贯彻党的十九大精神，以习近平新时代中国特色社会主义思想为指导，认真落实党中央关于全面从严治党、加强农村基层组织建设的部署要求，建立健全村务监督委员会。加强党的全面领导，始终坚持村党组织领导核心地位不动摇，村务监督委员会的各项工作要在党的领导下进行；准确把握定位，村务监督委员会是村民自治机制和村级工作运行机制的完善，是村民监督村务的主要形式；严格依法监督，保证和支持村务监督委员会依法行使职权，促进村级事务公开公平公正。

三、人员组成是怎样的

村务监督委员会一般由3人组成，大村可以由5人组成，设主任1名，提倡由非村民委员会成员的村党组织班子成员或党员担任主任，原则上不由村党组织书记兼任主任。

四、如何推选产生

村务监督委员会成员由村民会议或村民代表会议在村民中推选产生，任期与村民委员会的任期相同。村务监督委员会成员要有较好的思想政治素质，遵纪守法、公道正派、坚持原则、敢于担当、群众公认，具有一定政策水平和依法办事能力，热心为村民服务，其中应有具备财会、管理知识的人员。村民委员会成员及其近亲属、村会计（村报账员）、村文书、村集体经济组织负责人不得担任村务监督委员会成员，任何组织和个人不得指定、委派村务监督委员会成员。

五、职责是什么

村务监督委员会的职责是：对村务、财务管理等情况进行监督，受理和收集村民有关意见建议。

六、权利有哪些

村务监督委员会及其成员有以下权利：

1. 知情权。列席村民委员会、村民小组、村民代表会议和村“两委”联席会议等，了解掌握情况。

2. 质询权。对村民反映强烈的村务、财务问题进行质询，并请有关方面向村民作出说明。

3. 审核权。对民主理财和村务公开等制度落实情况进行审核。

4. 建议权。向村“两委”提出村务管理建议，必要时可向乡镇党委和政府提出建议。村务监督委员会及其成员要依纪依法、实事求是、客观公正地进行监督，不直接参与具体村务决策和管理，不干预村“两委”日常工作。

5. 主持民主评议权。村民会议或村民代表会议对村民委员会成员以及由村民或村集体承担误工补贴的聘用人员履行职责情况进行民主评议，由村务监督委员会主持。

七、监督内容是什么

村务监督委员会要紧密结合村情实际，重点加强以下方面的监督：

1. 村务决策和公开情况。主要是村

务决策是否按照规定程序进行，村务公开是否全面、真实、及时、规范。

2. 村级财产管理情况。主要是村民委员会、村民小组代行管理的村集体资金资产资源管理情况，村级其他财务管理情况。

3. 村工程项目建设情况。主要是基础设施和公共服务建设等工程项目立项、招投标、预决算、建设施工、质量验收情况。

4. 惠农政策措施落实情况。主要是支农和衔接、推进乡村振兴补助资金使用、各项农业补贴资金发放、农村社会救助资金申请和发放等情况。

5. 农村精神文明建设情况。主要是建设文明乡风、创建文明村镇、推动移风易俗，开展农村环境卫生整治，执行村民自治章程和村规民约等情况。

6. 其他应当监督的事项。

八、如何有效监督

村务监督委员会一般按照以下方式实施监督：

1. 收集意见。根据上级党委和政府部署的重点工作和村级决定的重大事项，通过接待来访、上门走访等形式广泛收集意见建议，确定监督事项。

2. 提出建议。围绕监督事项，及时向村党组织和村民委员会反映收集到的意见，提出工作建议。

3. 监督落实。对监督事项进行全程监督，及时发现并纠正存在的问题。对发现的涉嫌贪腐谋私、侵害群众利益等违纪违法问题，及时向村党组织、乡镇（街道）纪委（纪工委）报告。

4. 通报反馈。通过公开栏、召开会议、个别沟通等形式，及时通报反馈监督结果。

九、如何进行民意征询

村务监督委员会应定期或不定期地采取各种方式征求、收集村民对村工作的意见建议：

1.村务监督委员会以书面形式征询意见建议时，应由村民如实填写征询意见表；口头形式征求时，村务监督委员会成员应认真记录被征询人提出的意见建议。

2.村务监督委员会征询意见建议后，应在5个工作日内召开村务监督委员会工作会议，对意见建议进行归纳整理，形成书面意见建议，向村党组织和村民委员会汇报、沟通。重要意见建议应及时上报乡镇（街道）党委（党工委）。

3.村务监督委员会对村党组织和村民委员会接受意见建议的整改过程进行监督，并及时予以公开、反馈。

4.村务监督委员会征询群众意见实

行“一事一结”。相关资料应及时整理归档，以备查阅。

十、如何报告工作

村务监督委员应根据职责，对村务决策、公开，“三资”管理，工程建设，惠农政策等监督情况进行报告。每半年向村党组织作一次专题汇报，每月向乡镇（街道）纪委（纪工委）报告一次工作开展情况，每年年终向村民（代表）会议报告一次全年工作情况，重大事项随时报告。

十一、如何学习培训

1. 村务监督委员会每月学习应不少于一次，采取集中学习、专题学习等多种方式进行，学习内容为党的理论、路线和方针政策，党纪政务和有关法律法规等。

2. 县、乡镇（街道）两级每年对村务监督委员会成员进行业务培训，村务监督委员会主任由县一级负责培训，其他成员由乡镇负责培训，培训情况纳入党风廉政建设考评。

十二、如何进行村级民主评议

村级民主评议工作由村务监督委员会向村党组织提出并由乡镇（街道）纪委（纪工委）批准后组织实施，每年至少进行一次。采取听取述职述廉报告、填写测评票、谈话了解等形式进行，评议结果作为评先评优的参考依据。

十三、如何管理考核

乡镇党委和政府及村党组织要加强村务监督委员会成员日常教育管理，帮助其提高思想政治素质和工作水平，乡镇每年对村务监督委员会主任履职情况进行考核，对考核优秀的可给予适当奖励，对不认真履职的进行批评教育、责令改正。

十四、村务监督委员会成员在什么情况下职务自行终止

村务监督委员会成员履职不力、发生违纪违法行为被查处等，经村民会议或村民代表会议讨论决定，免去其职务；严重违纪受到党纪处分、两年内受到两次以上行政拘留处罚、被判处刑罚、连续两次民主评议不称职或丧失行为能力的，其职务自行终止。

第二部分 清单流程

十五、村级“小微权力”事项清单（试行）

村级“小微权力”事项清单包括村级重大事项（三重一大）和村级日常性事项。具体如下：

（一）村级重大事项

1.村级重大决策事项

（1）村长期发展规划和年度工作计划制定；

（2）村民自治章程、村规民约制定和修改；

（3）村庄建设整治和拆迁改造；

（4）村公共设施、公益事业的兴办及筹资筹劳、建设承包；

（5）村集体土地承包经营及集体经济项目的立项、承包，宅基地的使用及征地补偿费的使用、分配；

（6）村集体经济所得收益的使用，以借贷、租赁或者其他方式处置本村集体财产；

（7）国家和上级重要政策、重点工作部署在本村的落实方案；

（8）村民意见较为集中的重点难点热点问题；

（9）多数村民认为应纳入决策的其他事项。

2. 村级重大项目建设事项

（10）村级基础设施建设工程；

（11）“一事一议”项目；

（12）产业（扶贫等）项目。

3. 村“两委”成员分工

4. 大额资金使用事项

（13）经济条件较好的村，10000 元以上的单笔非日常性支出事项；经济较薄弱的村，2000 元以上的单笔非日常性支出事项。村经济条件的划分，由乡镇（街道）根据本地工作实际自行确定。

（二）村级日常性事务

1. 村级工作人员任用事项

（14）兵、青、妇等组织人员的任用；

（15）治调、计生工作人员的任用；

（16）其他方面临时用人、用工。

2. 村级财务管理事项

（17）财务开支事项。村级收支实行“三签”制，资金应存放在村集体账户或乡镇财政所公用账户，实行报账制，收款方为单位的一律实行转账，个人金额500元以上原则上实行转账。

3. 村级救助救灾申请审批事项

（18）低保、农村特困人员申请；

（19）临时救助申请；

（20）救灾、救济款物发放；

（21）慈善救助申请；

（22）红十字会救助申请。

4. 社会保障管理事项

（23）办理被征地农民养老保障；

（24）养老保险缴费和待遇；

（25）丧葬费领取；

（26）社会养老保险注销；

（27）高龄补贴申请；

（28）残疾人补助以及以奖代补待遇申请。

5. 印章管理和证明事项

（29）印章管理；

（30）依法应由基层群众性自治组织出具的各类证明。

6. 公开事项

（31）党务公开；

（32）村务公开；

（33）财务公开。

7. 计划生育奖扶事项

（34）计划生育奖扶。

8. 其他便民服务事项

（35）党组织关系迁转；

（36）矛盾纠纷调解；

（37）惠农政策补贴类事项。

9. 村级党务事项

（38）村党组织领导全村发展和农民增收情况；

（39）党员发展及教育管理情况；

（40）党内规章制度贯彻落实情况；

（41）村党组织自身建设情况。

十六、村党组织书记责任清单

1. 负责宣传和贯彻执行党的路线方针政策和党中央、上级党组织及本村党员大会的决议，自觉履行《中国共产党支部工作条例（试行）》《中国共产党农村基层组织工作条例》规定的各项职责。

2. 认真学习和忠实践行习近平新时代中国特色社会主义思想，学习党的基本理论、基本路线、基本方略，学习必备知识技能。

3. 加强和改进思想政治工作。宣

传党组织和党员先进事迹，宣传好人好事，弘扬真善美，传播正能量。了解群众思想状况，帮助解决实际困难，引导群众自觉听党话、感党恩、跟党走。

4. 负责召集支部委员会和支部党员大会，对村级重大项目建设、物资服务采购、村级大额支出、集体“三资”管理等重大事项决策实行“四议两公开”。

5. 负责领导和推进村级民主选举、民主决策、民主管理、民主监督，推进农村基层协商，支持和保障村民依法开展自治活动。领导村民委员会以及村务监督委员会、村集体经济组织、群团组织和其他经济组织、社会组织，加强指导和规范，支持和保证这些组织依照国家法律法规以及各自章程履行职责。

6. 负责领导本村的社会治理，做好本村的社会主义精神文明建设、法治宣传教育、社会治安综合治理、生态环保、美丽村庄建设、民生保障、脱贫致富、民族宗教等工作。

7. 依法严厉打击宗族恶势力、“村霸”等农村黑恶势力，严防其侵蚀基层干部和基层政权。清理受过刑事处罚、存在涉黑涉恶等问题的村干部。做好农村宗教工作，加强对信教群众的引导，管理好宗教活动场所，依法制止利用宗教干涉农村公共事务的行为，坚决抵御非法宗教活动和境外渗透活动。

8. 因地制宜推动发展壮大集体经济，领导和支持集体经济组织管理集体资产，协调利益关系，组织生产服务和集体资源合理开发，确保集体资产保值增值，确保农民受益。

9. 负责抓好村党支部标准化规范化建设，严格组织生活，坚持“三会一课”、民主评议党员、主题党日等制度，充分发挥基层党组织战斗堡垒作用。抓好农村党员和村、组干部的教育、管理、监督，加强与外出党员的经常联系。注重从青年农民、农村外出务工人员中发展党员。积极开展基层党建“星级”创评，持续做好乡土人才联络和回归工作，不断充实农村干部后备力量。支持配合驻村第一书记工作，充分发挥驻村第一书记和驻村工作队作用。

10. 带头落实农村基层干部廉洁履职规定，定期分析研判村级班子和村干部情况，经常性开展事前、事中、事后提醒谈话，及时发现纠正苗头性、倾向性问题，严肃整治纠正侵害群众利益的腐败和作风问题。

11. 督促村民委员会、村务监督委员会及相关人员履行职责，严格落实“三提醒”制度。加强监管，督促落实村级财务管理制度。广泛听取各方面的意见建议，采纳村务监督委员会出具的廉政意见。支持村务监督委员会工作，每半年至少听取1次工作汇报，对村务监督委员会反馈的群众意见和建议及时提交相关会议研究。

12. 建好管好用好村级组织活动场所，整合利用各类资源，服务凝聚群众，教育引导群众。管好用好投放农村的公共服务资源，更好地为群众服务。

十七、村民委员会主任责任清单

1. 在村党组织领导下，主持村民委员会全面工作，自觉履行《中华人民共和国村民委员会组织法》和《河南省实施〈中华人民共和国村民委员会组织法〉办法》规定的各项职责。

2. 带头落实村民委员会班子党风廉政建设主体责任，将党风廉政建设各项工作融入村级事务管理之中，督促班子成员廉洁履职。自觉遵守农村基层干部廉洁履职规定，杜绝侵害群众利益的腐败和作风问题的发生。

3. 带头遵守并组织实施村民自治章程、村规民约、执行村民会议、村民代表会议的决定、决议，办事公道，廉洁奉公、热心为村民服务，接受村民监督。

4. 严格贯彻执行上级党委、政府及村党组织的各项决议，抓好各项工作任务的落实。

5. 支持集体经济组织依法独立进行经济活动的自主权，维护以家庭承包经营为基础、统分结合的双层经营体制，保障集体经济组织和村民、承包经营户、联户或者合伙的合法财产权和其他合法权益。

6. 组织村民依法发展各种形式的合作经济和其他经济，促进农村生产建设和经济发展。

7. 依照法律规定，管理本村属于村民集体所有的土地和其他财产，引导村民合理利用自然资源，保护和改善生态环境。

8. 积极宣传宪法、法律、法规和国家政策。

9. 定期公开村务、财务。

10. 组织召开村委会会议，对村级重大项目建设、物资服务采购、村级大额支出、集体“三资”管理等重大事项进行研究审议，主持召开村民代表大会进行决议。

11. 负责组织实施村级重大事项，自觉接受村党组织的领导和村务监督委员会、群众代表的监督。

十八、村务监督委员会主任责任清单

1. 在村党组织领导下对村级事务

实施监督，对村民委员会贯彻执行上级决策部署、村民会议和村民代表会议决议、村务财务公开等情况进行监督。

2. 坚持月走访、月报告制度，按时列席村民委员会、村民小组、村民代表会议和村“两委”联席会议，了解村务决策情况和有关工作进展情况，并实施监督。

3. 监督执行村民自治章程和村规民约等情况，定期召开民情分析会，听取收集群众意见建议，随时向村党组织汇报，督促村民委员会及时办理并向群众反馈。

4. 主持对村民委员会成员等履职情况进行民主评议。

5. 负责对村干部工作效能、廉洁自律等进行监督，发现苗头性、倾向性问题，及时向村党组织反映。

6. 负责监督村级财产管理情况，主

要是村级各项收支、村集体资产资源的使用和处置情况。监督村财务“三签”制度落实，审查村级财务支出票据并签字背书。

7. 负责监督村级物资、服务采购等情况，监督基础设施和公共服务建设等工程项目立项、招投标、预决算、建设施工、质量验收情况。

8. 负责监督惠农政策措施落实情况。主要是支农和扶贫资金使用、各项农业补贴资金发放、农村社会救助资金申请和发放等情况，发现违纪违法情况应及时向村党组织、乡镇（街道）党（工）委、政府（办事处）报告，同时向乡镇（街道）纪（工）委报告。

9. 负责监督村级重大事项实施情况。

十九、流程图

1. 村级重大事项公开流程图

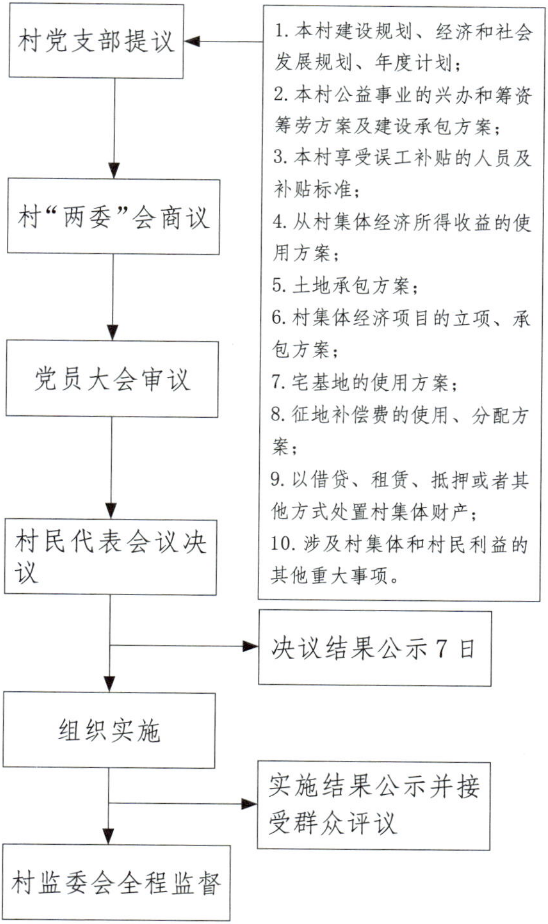

2. 党务村务财务公开流程图

村党支部提出公开内容

↓

村务监督委员会收集群众意见建议，反馈村“两委”整改完善

↓

村“两委”联席会议讨论决定

↓

向全体党员、村民代表会议通报

↓

村“两委”制作公开表

↓

村党支部书记或村委会主任签字

↓

村监委会主任审核签字、盖章

↓

报驻村干部审核签字后，按要求公开（留档一份）

↓

根据内容分常年公开、定期公开、适时公开3种，每季度进行公开，公开内容及时存档

→ 群众咨询和意见的受理及反馈

↓

村“两委”整改落实情况

（→ 村党支部提出公开内容）

党务公开

1. 党组织重大决策及实施情况；
2. 党风廉政建设责任制考核、干部述职述廉情况；
3. 党代表推荐、党员发展、积极分子培养、民主评议、党费收缴、评优评先等情况；
4. 违法违纪问题查处情况。

村务公开

1. 村民代表会议决议事项及实施情况；
2. 政府拨付和接受社会捐赠的救灾救助、补贴补助等资金、物资的管理使用情况；
3. 村务收支情况；
4. 农村最低生活保障、医疗救助、临时救助等社会保障享受对象、标准和五保供养享受对象；涉及村民利益和村民普遍关心的其他事项。

财务公开

1. 会计科目余额表；
2. 村级财务收入、支出明细公开表；
3. 村级债务、债权明细公开表；
4. 村级管理费用明细公开表；
5. 按规定需公开的其他村级“三资”和财务事项。

3. 集体土地征收补偿及征收款发放流程图

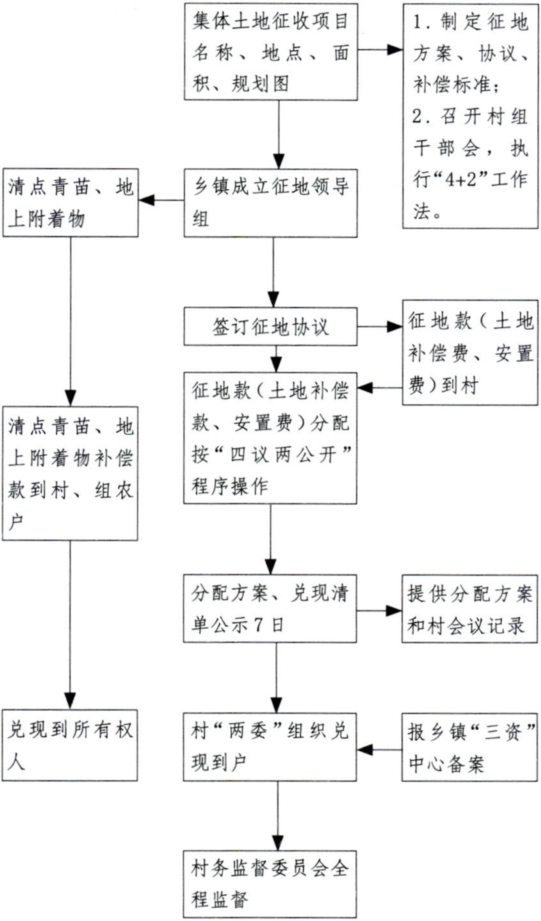

4. 农村集体资产资源处置流程图

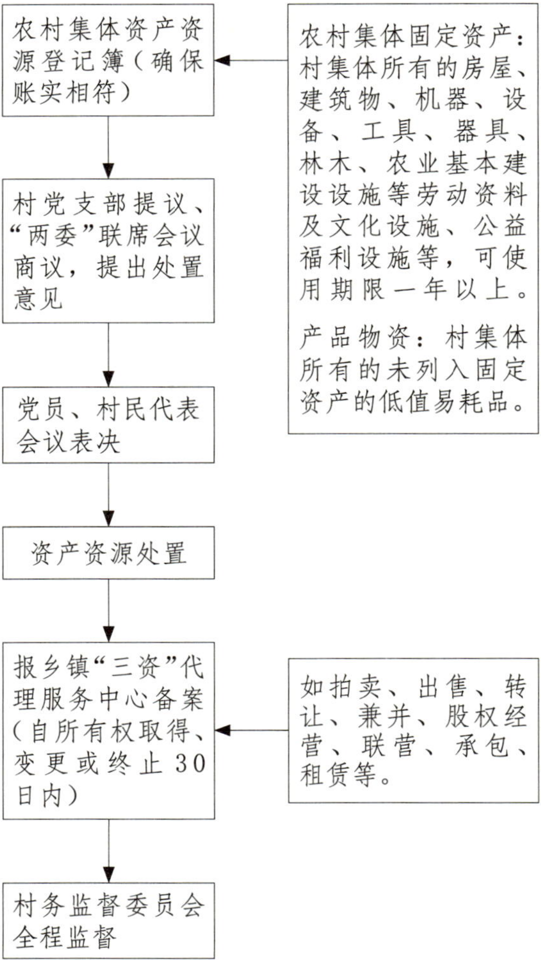

5. 社旗县城乡低保办理流程图

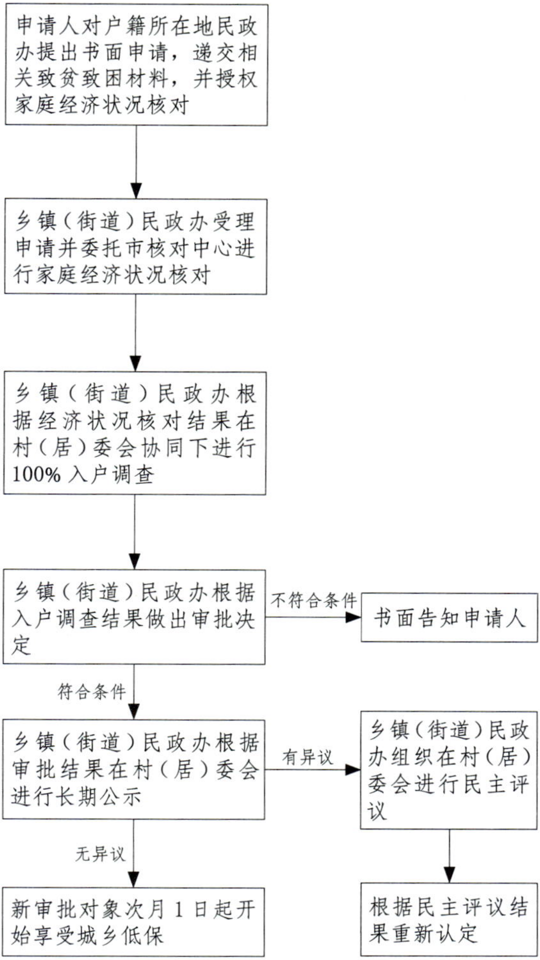

6. 社旗县城乡特困供养办理流程图

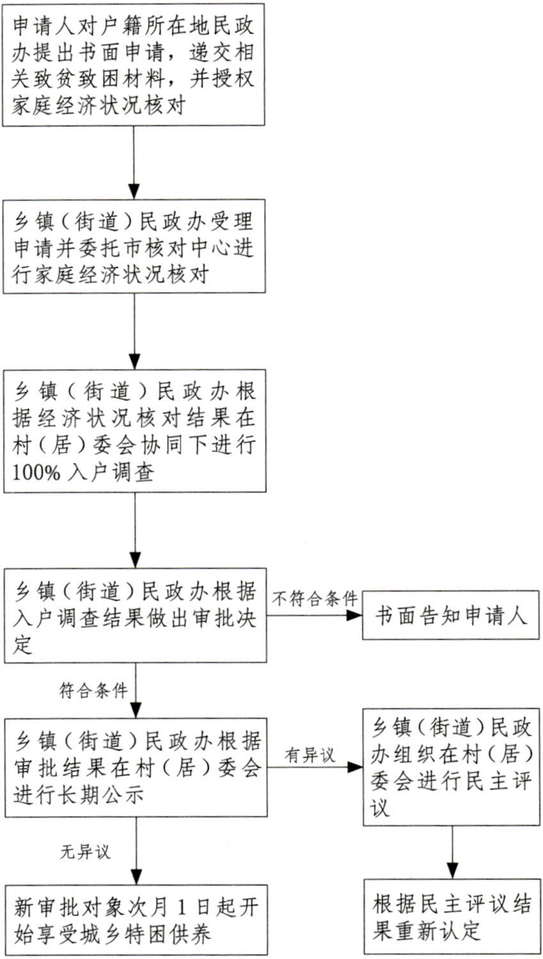

7. 社旗县临时救助办理流程图

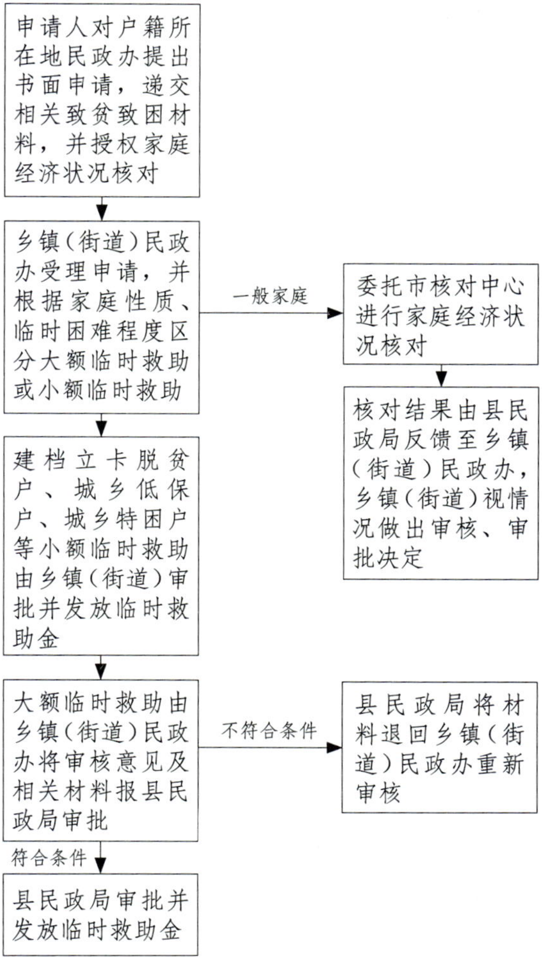

8. 社旗县残疾人两项补贴申请流程图

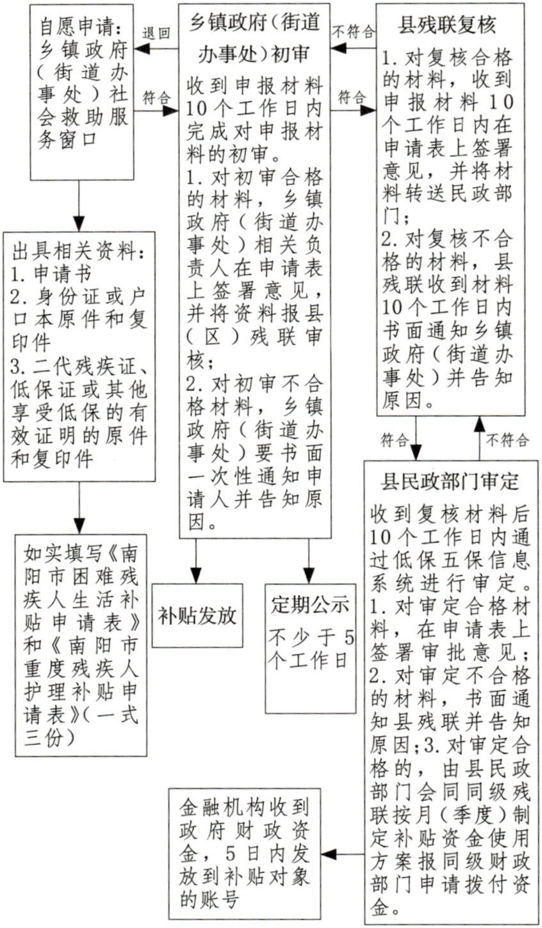

9. 社旗县城乡居民基本养老保险参保缴费流程图

参保受理

社旗县年满16周岁（不含在校生），非国家机关和事业单位工作人员及不属于职工基本养老保险制度覆盖范围的城乡居民，参加城乡居民养老保险时，由其户籍地社保经办机构为其办理参保登记，参保人持本人身份证、户口本原件、复印件，到村（社区）居委会办理参保登记手续，填写《城乡居民基本养老保险参保登记表》，由村（社区）协办员统一到乡镇劳动保障事务所办理参保手续，参保人也可以直接到乡镇劳动保障事务所办理。

↓

审核

乡镇劳动保障事务所工作人员初审材料，把信息录入城乡居民养老保险信息系统，纸质手续上传，县级居保中心工作人员在信息系统里审核上传的档案资料后，在系统里做复核。

↓

办结

参保人符合参保条件的，乡镇劳保所将信息录入居保信息系统，县级复核后，该系统会自动将参保数据传递给税务部门；不符合参保条件或资料不全的予以退回，并将办理结果于3个工作日内告知申请人。

↓

缴费

大力推行使用自主缴费。1.“非接触”式自主缴费，参保对象正常参保后，可以通过网上税务局——河南省税务局手机APP、微税保、支付宝、河南省税务公众号办理缴费，方便、快捷、安全。2.“接触”式自主缴费。参保对象可以通过签约银行网点、税务部门窗口受理的形式进行缴费。参保人持本人身份证或社保卡到税务部门缴费。税务部门收取保费后通过税务系统将缴费数据传递到居保信息系统，计入其个人账户。

10. 社旗县城乡居民基本养老保险待遇支付办理流程图

告知

乡镇（街道）人社所定期查询即将达到待遇领取年龄（年满60周岁）的参保人员，通过数据对比生存状态、参保状态和缴费状态，调取权益记录，生成《城乡居民基本养老保险待遇领取告知书》，通知村（社区）协办员告知参保人员办理待遇申请。

↓

待遇领取申请

年满60周岁的参保人员持本人户口簿、身份证件到村（社区居）委会填写《城乡居民基本养老保险待遇申请表》，由村（社区）协办员统一上报乡镇（街道）人社所提出待遇领取申请。

↓

受理

人社所应及时受理参保人员待遇领取申请，通过数据比对等方式，核实其领取城乡居民养老保险待遇资格。对符合条件的，自待遇领取申请之日起5个工作日内核定城乡居民养老保险待遇，生成《城乡居民基本养老保险待遇计算单》，对不符合待遇领取条件的，应自收到待遇领取申请之日起5个工作日内告知原因。

↓

审批

城乡居保中心应根据待遇领取人员的待遇标准核定应发放的城乡居民养老保险待遇，按月通过信息系统生成《城乡居民基本养老保险待遇支付审批表》，送财政部门申请资金。

↓

发放

城乡居民养老保险待遇实行社会化发放。城乡居保中心应在待遇发放前2个工作日内将发放资金从基金支出户划拨至协议服务金融机构的养老保险待遇代发平台，并将待遇支付明细通过社银联网接口传输给金融机构。金融机构应在规定时间内进行代发，将支付金额划入待遇领取人员社会保障卡或银行账户。

第三部分 文件规定

南阳市村务监督委员会工作细则
（试行）

第一章 总 则

第一条 为促进全市农村基层党风廉政建设，进一步强化和规范村务监督委员会（以下简称村监委会）的监督工作，充分发挥村监委会监督职能，切实保障村级权力规范运行，特制定本细则。

第二条 村监委会在国家法律、法规和政策规定的范围内，客观公正地开展监督活动，积极支持农村党组织和村民委员会依据村级权力清单和权力运行流程，正确履行职责，维护团结、维护稳定。

第三条 按照"乡镇纪委管人管事、县财政保障待遇"的办法，村监委会由乡镇纪委和村党支部共同领导，以乡镇纪委领导为主，同时接受村级组织和党员群众的监督。

第四条 村监委会一般由3名成员组成，其中主任1名，委员2名。主任应为中共党员，一般由本村“五老”人员（老干部、老党员、老教师、老离职人员、老代表）担任，为便于开展工作，也可由村党支部副书记或纪检委员担任；委员一般由本村党员、村民代表担任。村“两委”成员及其近亲属、村报账员不得担任村监委会成员。村监委会成员必须具有较高个人素质，处事公道正派，群众基础较好，熟悉本村工作。

第二章 监督内容

第五条 村监委会要拓宽监督视野，强化监督职能，从注重资金监督向资金、资产、资源等村级事务的全局监督转变，全面监督村级事务管理的各个方面和领域。

（一）决策类权力的监督

第六条 监督农村党组织和村民委员会依据法律、法规和政策规定，严格按照选举程序进行换届选举，全程参与提名、推荐和选举工作，保障和发扬基层民主。监督村民小组长、村民代表的选举产生以及党员发展对象的确定。

第七条 监督村级组织制定农村经济和社会发展规划、村规民约。监督对“三重一大”等与农民群众利益密切相关的决策事项是否运用“四议两公开”工作法进行处理，决策过程是否依法依规，决策结果是否科学合理。

第八条 监督重大工程按照规定程序招标，监督工程质量、工程验收和资金决算审计和资金拨付。监督村级组织依法依规签订规范性合同，公开透明地处置集体资产、资源，分配集体收益。

第九条 跟踪监督各类决策结果的实施情况，及时提出监督意见，督促村级组织做好结果公开和相关解释工作。

（二）管理类权力的监督

第十条 监督村“两委”按照上级要求，及时召开各类会议，宣传、贯彻党的路线方针政策。监督各项规章制度的贯彻落实情况，以及各类印章的规范使用。

第十一条 参与制定村集体财务收支计划，合理化解债务，防止新增债务；督促村集体收入及时上交乡镇“三资”委托代理服务中心。按照财务制度规定，监督各项财务开支，把关审核所有收支条据。协同村“两委”对集体资产资源进行调查摸底，建立农村“三资”台账，经村民代表会议审议后张榜公示，实行动态化管理。

第十二条 监督实施各类涉农工程和征地、拆迁工作，监督各类经济补偿、救灾救济等款物的公开合理发放。监督“一事一议”筹资款据实收取，规范使用。

第十三条 监督村级组织建立和完善基层矛盾调解化解机制，依托村民调委员会、红白理事会等民间组织，化解各类矛盾纠纷，维护社会大局和谐稳定。

第十四条 监督村“两委”按照村级权力清单和运行流程，做好党务、村务和财务公开，定期公开相关事项。审查公开的内容、时间、程序和方式、范围，对公开方案提出完善建议。监督公开民主评议和评议结果的运用，督促村“两委”及时将公开的资料进行归档并妥善保管。

（三）审核类权力的监督

第十五条 监督村级对社会保障、惠农补贴、党内关怀、计生服务和农村建房等事项进行初审，并按规定予以公示，接受群众监督。

（四）其他事项的监督

第十六条 监督党风廉政建设责任制落实情况，监督村“两委”班子健全“四督四查”工作机制，认真开展述职述廉工作，定期接受党员和群众代表的民主评议和测评。

第十七条 监督村组干部廉洁履职情况，听取群众意见建议，及时向村级组织反馈；对于违纪违法问题线索，及时向乡镇纪委汇报。

第十八条 监督村民小组按照“一提二审三通过”（村民小组理事组提议、

村“两委”审查同意、村民小组户代表会议或村民会议决议通过）的程序，民主决策组级重大事项，依照权力运行流程处置各类资产资源；监督“组账村管”制度落实情况，要求各村民小组每半年报告一次财务收支情况，落实村民小组重大收支及时报告制度，防止坐收坐支；监督村民小组公开各类需要公开的事项。

第十九条 监督上级交办的其他工作和村民代表大会授权的其他事项。

第三章 监督方式

第二十条 村监委会要创新监督方式，强化监督时效，从注重事后监督向事前监督、事中监督和事后监督的全程监督转变，全面融入村级权力运行的整个过程。

第二十一条 列席会议，监督决

策。村监委会主任要列席村“两委”会议，特别是发展规划确定、党员干部推选、集体资产处置、集体资源发包、集体收益分配、大额资金支出等重大事项研究会议，发现决策不科学或违规问题，应及时提醒或制止。村监委会成员必须参加与决策重大事项相关的党员和村民代表大会，监督民主决策全过程，保证决议和实施结果公开。

第二十二条　调查了解，收集意见。针对村级决策、管理和审核事项，定期开展专项核查，了解掌握村级权力规范运行情况。通过开展入户走访、开展民情恳谈等办法，经常面对面听取党员群众对村“两委”的意见建议，并及时归纳整理，及时向村“两委”反馈，及时报乡镇纪委。

第二十三条　把关财务，审阅账目。认真审核把关村级财务支出票据，报乡镇“三资”代理服务中心下账的票据要加盖村监委会公章。审核发现有违反财经纪律和财务制度的事项，要求说明情况。协助乡镇“三资”代理服务中心，每年对村级账目审计一次。每年组织人员对各村民小组账目审计一次，审查结果向群众公布，听取群众意见，并向上级管理部门汇报。

第二十四条 提醒警示，督促整改。对于监督发现的问题和党员群众反映的意见，要及时督促村“两委”做好解释工作，直至群众满意。情况复杂的，要及时召集有关人员进行询问、论证，并将有关情况向村“两委”报告，督促整改；整改不到位的，要及时向上级报告。发现违纪违法问题线索的，要及时向乡镇纪委报告。

第四章　管理与考评

第二十五条　村监委会成员的报酬由县财政列入预算，统一保障。村监委会主任参照副支书待遇，其他成员参照组长待遇，村组干部兼任的，不再另行支付报酬。

第二十六条　村监委会在乡镇纪委的领导下，独立开展村务监督工作。每届任期内，根据乡镇纪委安排，结合本村实际，提出任期目标，分别经党员大会和村民代表大会讨论通过后报乡镇纪委批准。村监委会每半年向乡镇纪委报告一次工作，每季度向村党支部报告一次工作，内容包括履行职责情况、群众对村务工作的意见和建议等，重大事项随时报告。每年向村民代表大会报告一次工作，听取村民代表对村务监督工作的意见。

第二十七条 村监委会要建立工作台账、会议记录，及时、真实、具体、全面记载每项工作、每次会议情况；指定专人管理档案资料和印章。

第二十八条 乡镇纪委要加强对村监委会成员的监督管理和定期培训。原则上在每个任期内，村监委会主任每年接受培训不少于2次，其他成员不少于1次。内容突出常规业务和专业知识。培训后要进行考试，确保培训质量。

第二十九条 乡镇纪委负责对村监委会的考核，要制定绩效考评办法，每年对村监委会成员组织考评一次，表现优秀、作用发挥好的，予以表扬；工作不力、作用发挥不好的，由乡镇纪委进行诫勉谈话，连续两年不称职的，应劝其辞职，或按照程序予以罢免。

第五章 保障措施

第三十条 乡镇党委和纪委要加强对村监委会的领导，健全机构，落实待遇，为村监委会开展监督工作创造条件。对其报告的重大问题要高度重视，科学分析，及时采取措施核实处理。若出现处理不及时或者推诿扯皮、造成严重后果的，要严肃追究相关责任人的责任。

第三十一条 村“两委”要虚心接受村监委会的监督，认真听取并落实各类意见建议，规范权力运行和村务管理流程。对故意设置障碍，阻挠村监委会正常发挥作用的，要依纪依法查处，严肃追责。

第三十二条 村监委会成员代表村民行使监督权，必须坚持党的领导，不得干涉村级组织的正常工作。在实施监督过程中，应坚持公道正派，干净担当，不得假公济私，滥用监督权力。

第三十三条 村监委会成员必须严格遵守廉洁履职各项规定。对违反规定、履职不力的村监委会成员，村党组织有权向乡镇纪委汇报，并给予相应的处理。对于因履职不当造成重大损失或严重后果的，由乡镇纪委严肃追究相关人员的责任。

第六章 附 则

第三十四条 城市社区居务监督委员会工作参照执行。

第三十五条 本细则由市委、市政府负责解释，具体工作由市委办公室、市政府办公室商市纪委、市监察局、市委组织部、市民政局、市财政局承担。

第三十六条 本细则自发布之日起施行。

社旗县村务监督委员会工作规程

（试行）

为进一步规范村级民主管理和村务监督工作，提升乡村治理水平，健全完善村务监督委员会运行和保障机制，根据《中华人民共和国村民委员会组织法》和《中共中央办公厅国务院办公厅印发〈关于建立健全村务监督委员会的指导意见〉的通知》（中办发〔2017〕67号）等法律法规和文件精神，结合我县实际，制定本规程。

一、组织机构

（一）村务监督委员会一般由3至5人组成，设主任1名，原则上由村支部纪检委员担任。组成人员推选参照村民委员会选举办法，由村民大会或村民代表会议选举产生，任期与村民委员会相同。

（二）村务监督委员会成员任职条件：思想政治素质好，遵纪守法、公道正派、坚持原则、敢于担当、群众公认，具有一定政策水平和依法办事能力，热心为村民服务。

（三）村民委员会成员及其近亲属、村文书（村报账员）、村集体经济组织负责人不得担任村务监督委员会成员，任何组织和个人不得指定、委派村务监督委员会成员。

二、职责权限

村务监督委员会的职责是：对村务、财务管理等情况进行监督，受理和收集村民有关意见建议。村务监督委员会及其成员有以下权利：

（一）知情权。列席村民委员会、村民小组、村民代表会议和村“两委”联席会议等，了解掌握情况。

（二）质询权。对村民反映强烈的村务、财务问题进行质询，并请有关方面向村民作出说明。

（三）审核权。对民主理财和村务公开等制度落实情况进行审核。

（四）建议权。向村“两委”提出村务管理建议，必要时可向乡镇（街道）党委（党工委）和政府（办事处）提出建议。村务监督委员会及其成员要依纪依法、实事求是、客观公正地进行监督，不直接参与具体村务决策和管理，不干预村“两委”日常工作。

（五）主持民主评议权。村民会议或村民代表会议对村民委员会成员以及由村民或村集体承担误工补贴的聘用人员履行职责情况进行民主评议，由村务监督委员会主持。

三、监督内容

村务监督委员会要紧密结合村情

实际，重点加强以下方面的监督：

（一）村务决策和公开情况。主要是村务决策是否按照规定程序进行，村务公开是否全面、真实、及时、规范。

（二）村级“三资”管理情况。主要是村民委员会、村民小组代行管理的村集体资金资产资源管理情况，村级其他财务管理情况。

（三）村工程项目建设情况。主要是基础设施和公共服务建设等工程项目立项、招投标、预决算、建设施工、质量验收情况。

（四）惠农政策措施落实情况。主要是支农和扶贫资金使用、各项农业补贴资金发放、农村社会救助资金申请和发放等情况。

（五）农村精神文明建设情况。主要是建设文明乡风、创建文明村镇、推动移风易俗，开展农村环境卫生整治，执行村民自治章程和村规民约等情况。

（六）其他应当监督的事项。村“两委”成员廉洁情况，其他涉及村民利益的事项等。

四、工作方式

村务监督委员会一般按照以下方式实施监督：

（一）收集意见。根据上级党委和政府部署的重点工作和村级决定的重大事项，通过接待来访、上门走访等形式广泛收集意见建议，确定监督事项。

（二）提出建议。围绕监督事项，及时向村党支部和村民委员会反映收集到的意见，提出工作建议。

（三）监督落实。对监督事项进行全程监督，及时发现并纠正存在的问题。对发现的涉嫌贪腐谋私、侵害群众利益等违纪违法问题，及时向村党支部、乡镇（街道）党委（党工委）、政府（办事处）及纪检监察机关报告。

（四）通报反馈。通过公开栏、召开会议、个别沟通等形式，及时通报反馈监督结果。

五、工作保障

（一）村民委员会应当在村党群服务中心为村务监督委员会提供必需的办公场地和配备必要的办公设备。

（二）村务监督委员会印章应当由乡镇人民政府（街道办事处）统一制作，由村务监督委员会主任负责保管，其规格、样式和制发、追缴程序与村民委员会印章相同。村务监督委员会应当建立印章使用的审批、登记、备案制度，并写入村民自治章程。

（三）村务监督委员会工作经费按

相关规定在村级办公经费中列支，村务监督委员会成员误工补贴由县乡根据实际情况确定。

六、管理考核

（一）各级党委和政府要高度重视建立健全村务监督委员会工作，切实履行主体责任，具体组织实施，抓好工作落实，及时研究解决相关问题；各级党组织要牵头协调，民政、农业农村等单位共同参与，加强指导，为村务监督委员会正常开展工作创造必要条件；纪检监察机关负责村务监督工作的再监督，对工作不力的责任单位严肃问责。

（二）要切实加强村务监督委员会成员的教育培训，村务监督委员会主任的培训由县级负责，其他成员的培训由乡镇（街道）负责，每年至少组织1次，提高村务监督委员会成员的政治素质和履职能力。

（三）村务监督委员会每季度召开1次例会，梳理总结、研究安排村务监督工作；每半年向村党支部汇报1次村务监督情况，村党支部要认真听取村务监督委员会的意见；每年向村民会议或村民代表会议报告1次工作，由村民会议或村民代表会议对村务监督委员会及其成员进行民主评议，评议结果作为考核奖惩的依据，向全体村民公布。

（四）乡镇（街道）党委（党工委）、政府（办事处）每年对村务监督委员会主任履职情况进行考核，对考核优秀的可给予适当奖励。对村务监督委员会成员履职不力、发生违纪违法行为被查处等的，应当责成村党组织按程序提请村民会议或村民代表会议研究决定，免去其职务；严重违纪受到党纪处分、两年内受到两次以上行政拘留处罚、被判处刑罚、连续两次民主评议不称职或丧失行为能力的，其职务自行终止；利用监督职权谋私利、泄私愤、搞无原则纠纷、挑起矛盾的，及时提醒、批评教育，后果严重的要按照有关程序终止其职务，并依纪依法追究其责任。对村务监督工作不配合不支持、设置障碍，甚至对村务监督委员打击报复的，应当及时制止、责令改正，情节严重的依纪依法追究有关人员责任。

社旗县村务监督委员会考核办法
（试行）

为推进社旗县村务监督委员会规范化建设，提升村务监督委员会工作水平，根据《社旗县村务监督委员会工作规程（试行）》《社旗县村务监督委员会监督运行清单》，结合我县实际，特制定本考核办法。

一、考核对象

各行政村村务监督委员会及其成员。

二、考核内容和评分标准

考核设总分100分，考核内容由业务考核和民主测评两部分组成，分别占80分和20分。

（一）业务考核（80分）

1.规范化建设情况（30分）

（1）落实保障（5分）。村务监督委员会人员配备齐全，有牌子、有印章、有场所、有办公设施、有工作制度、有履职纪实档案柜，每缺一项扣1分。

（2）制度建设（5分）。完善工作例会制，每季度召开一次工作例会得2分；学习培训制，认真参加县、乡组织的学习培训活动得1分；工作报告制，每年向村党组织和村民代表会议报告工作不少于1次得1分；工作台账制，落实专人负责村监委会工作台账记录得1分。

（3）工作台账（20分）。村务监督委员会工作手册记录规范、内容详实。主要记录：村务决策情况、村务公开情况、村级资产管理情况、村工程建设项目情况、惠农政策落实情况、农村精神文明建设情况、村“两委”成员廉洁情况、民意收集和反馈情况、村监委会会议（活动）记录、村监委会年度工作总结等。无记录或记录不全酌情扣分。

2. 履职监督情况（40分）

（1）监督村务决策（5分）。监督村务决策是否符合法律法规和有关政策规定，是否按照规定程序进行，是否公平合理。对不按程序规定和民主议事规则作出决定的事项，及时提出纠正意见，或向村党支部、乡镇（街道）党委（党工委）、政府（办事处）、乡镇（街道）纪委（纪工委）反映。

（2）监督村务公开（5分）。广泛征求村民对公开情况和民主管理的意见建议，督促及时公开群众关心的重点和热点问题，监督村务公开是否全面、真实、及时、规范。经审查符合要求的，村务监督委员会在公开内容上签署意见并盖章。对公开事项存有异议的，应及时向村民委员会提出，村民委员会应在10个工作日内予以答复和处理。

（3）监督村级“三资”管理（5分）。参与制定集体财务预算结算和各项财务管理制度，对村级财务收支事项按月进行审核，加强对村集体投资经营情况和集体资产出租、资源发包及处置情况的监督。未经村务监督委员会审核盖章的村集体财务收支凭证，不得入账，对有争议的票据，可提请村民会议或村民代表会议讨论决定。

（4）监督村工程项目建设（5分）。全程监督村属财政性资金、集体资金和村内“一事一议”筹资筹劳建设的工程项目实施，监督项目立项是否科学、民主，是否按有关规定实行招投标，有无随意变更工程设计，工程建设质量是否合格，资金管理和支付是否规范等。对项目实施中发现的问题，村务监督委员会要及时向村党支部反映，若发现有村干部违规违纪的，要及时向村党支部、乡镇（街道）党委（党工委）和纪委（纪工委）报告，并协助进行调查。

（5）监督惠农政策落实（5分）。对支农资金物资使用、农村基础设施和公共服务建设等进行监督，对各类强农惠农政策、扶贫以及救灾救济、农村低保等落实情况进行监督。对政策措施落实中发现的问题，要及时向村党支部、村民委员会反映，若发现有村干部违规违纪的，要及时向村党支部、乡镇（街道）党委（党工委）和纪委（纪工委）报告，并协助进行调查。

（6）监督农村精神文明建设（5分）。对建设文明乡风、创建文明村镇、推动移风易俗，开展农村环境卫生整治和执行村民自治章程和村规民约等情况进行监督。对村党支部、村民委员履行农村精神文明建设不力的要及时提醒督促，有村干部违规违纪和失职渎职的，要及时向村党支部、乡镇（街道）党委（党工委）和纪委（纪工委）报告，并协助进行调查。

（7）监督村“两委”廉洁情况（5分）。对村“两委”成员执行《农村基层干部廉洁履行职责若干规定（试行）》情况进行监督，协助乡镇（街道）纪委（纪工委）开展对本村党员干部的反腐倡廉教育、案件调查等各项工作，协助乡镇（街道）开展对村干部的述职述廉、民主评议和考核测评等工作。发现村“两委”成员违反廉洁履职规定的，要及时向村党支部、乡镇（街道）党委（党工委）和纪委（纪工委）报告，并协助进行调查。

（8）监督其他涉及村民利益事项（5分）。对不符合村民利益的事项，及时向村党支部、村民委员会反映，发现违规违纪问题要及时向乡镇（街道）党委（党工委）和纪委（纪工委）报告，并协助进行调查。

对上述8项监督，能认真履行监督职责、成效明显得相应项目分，因工作不力、措施不实、监督不到位，对监督职责范围内的事项中存在问题未及时指出、督促改正或向乡镇（街道）纪委（纪工委）反映，扣除相应分数，被乡级以上通报批评的加倍扣分。

3. 协作配合情况（10分）

（1）支持配合乡镇（街道）纪委（纪工委）和村“两委”组织宣传国家政策，履行监督职责，切实发挥参谋助手、桥梁纽带和宣传解释作用（5分）。发生协作不到位的情况，视情节轻重扣

2～5分。

（2）积极做好民政事务相关工作（5分）。协助村“两委”做好民政事务到村的基层政权与社区建设、救灾救助、最低生活保障、养老服务、农村“留守”人员关爱保护等相关事务工作。发生协助不到位的情况，视情节轻重扣2～5分。

（二）民主测评（20分）

村务监督委员会主任向村民代表述职，村民代表对村监委和村监委成员进行评议（20分）。此项评议满意、比较满意、基本满意和不满意分别按100分、80分、60分、0分计分，汇总后平均得分90分以上得20分，75～89分得15分，60～74分得10分，59分以下不得分。

三、考核结果运用及要求

1.结果确定

村务监督委员会考核结果划分为满意、比较满意、基本满意、不满意四个等次。90分以上为满意，75～89分为比较满意，60～74分为基本满意，59分以下为不满意。

2. 结果运用

（1）村务监督委员会考核为满意和比较满意档次的，年底乡镇（街道）党委（政府）采取物质或其他形式给予一定的表彰奖励。连续两年评为优秀的，年终评选党风廉政建设先进个人或先进集体予以优先评定。

（2）村务监督委员会成员民主测评平均分59分以下的，乡镇（街道）纪委（纪工委）给予责令纠错谈话，连续两年个人民主测评平均分59分以下的，由村民代表大会按照相关规定进行改选或补选。

社旗县关于规范和提升村务监督委员会工作的意见

为进一步规范村务监督委员会履职行为，提高履职水平，强化监督职能，发挥监督效果，切实推动全面从严治党向基层延伸，提升乡村治理水平，现就进一步规范和提升村务监督委员会工作提出如下意见。

一、明确工作目标。通过规范和提升各行政村（社区）村（居）务监督委员会（以下简称村务监督委员会或村监委会）工作，进一步提高村务监督委员会履职尽责水平，使村务监督委员会制度健全、运行有序、监督有力。村务监督内容包括村务决策、村务管理、村务运行、工程建设、惠农政策落实等方面。

二、突出监督重点。村务监督委员会由乡镇（街道）党委（党工委）（以下简称乡镇党委）统一领导，乡镇（街道）纪委（纪工委）（以下简称乡镇纪委）和村党支部共同领导。管理监督考评等由乡镇纪委负责，同时接受村级组织和党员群众的监督。村务监督委员会在强化对村级事务监督的同时，突出监督四个重点：一是突出村级财务监督。乡镇“三资”管理中心要充分发挥审核职能，所有村级财务支出票据凡未经村务监督委员会主任签字盖章的，一律不予报账，否则严格追究相关责任。二是突出资产资源处置监督。村务监督委员会应对村级集体资产处置、集体资源发包民主决策全过程实施监督，签订的合同由村务监督委员会主任签字后方能生效，否则视为无效。三是突出惠农资金项目监督。

村务监督委员会要对扶贫对象及资金发放、社会保障、惠农补贴、集体资产资源、集体收益分配等重要事项全过程进行监督。向上级呈报时，须有村监委会主任签字盖章，否则相关职能部门不予审批。四是突出村务公开监督。及时督促村“两委”每季度及时、全面、真实公开党务村务等事项。尤其是紧盯惠农资金发放、财务收支、集体资产资源处置、收益分配等重大事项，必须全面及时公开。

三、强化制度建设。一是健全问题反馈机制。村务监督委员会应按照文件制度认真开展工作，对群众反映的问题，要监督村“两委”两周之内给群众答复。二是健全管理考评机制。乡镇纪委要加强对村务监督委员会的直接管理，建立村务监督委员会月报告制度，要求村务监督委员会每月以台账形式向乡镇纪委报告一次重点工作监督情况，对于连续三次不报、迟报的给予相应的组织处理，后果严重的给予相应的纪律处分。建立村务监督委员会评议制度，每半年对各村务监督委员会工作进行集中评议。对工作落实到位、成效突出的进行表彰，对工作落实不力、敷衍塞责的进行通报批评，并将评议结果报县纪委监委。建立村务监督委员会年度考核制度，每年对村务监督委员会工作情况进行集中考评，奖优罚劣。同时，乡镇纪委每季度要向县纪委监委党风室报告一次对本乡镇村务监督委员会的管理情况。三是建立督查督办机制。县纪委监委发挥综合协调、督查督办职能，将村务监督委员会工作开展情况纳入党风廉政建设考核内容，并采取明察暗访的方式，定期对各乡镇村务监督委员会的管理情况进行考评排序。对第一次排名落后的予以通报批评，对连续两次排名落后的给予诫勉谈话以上处理。

四、严格责任追究。村务监督委员会要充分发挥监督职能，切实保障村级权力规范运行。凡因监督不力，村“两委”组织在财务管理、资产资源、惠农资金项目等方面出现问题的，村务监督委员会应监督未监督、应报告未报告、应移交未移交的，在追究当事人责任的同时，追究村务监督委员会监督责任。

附件：

1. 社旗县村务监督委员会工作月报表
2. XX村（社区）村（居）务监督工作台账

附件 1

社旗县村务监督委员会工作月报表

填报单位：　　　　　　　　填报时间：

序号	项目	内容
1	列席村“两委”会议	____次
2	提出整改意见	______条，已整改______条
3	入户走访	____次____户
	发现问题	____个，已整改____个
4	财务审核把关	____笔____元
	发现财务问题	___笔___元，已整改___笔
5	惠农项目资金审核	____项____元
	发现问题	____个，已整改____个
6	资产资源处置资金	____项____元
	发现问题	____个，已整改____个
7	受理群众反映问题	____个
	村“两委”向群众反馈问题	____个
8	督促村务公开	____次
	涉及公开项目	____项，已整改____项
9	上报乡镇纪委问题线索	____个

填报人：　　　　　　　　联系方式：

注：1. 每月向乡镇纪委报告一次，无事项零报告。

2. 向乡镇纪委汇报问题线索，另附详细说明。

3. 社区居务监督委员会工作也适用此表。

4. 本台账一式两份，上报乡镇纪委一份，自留存档一份。

附件 2

XX 村（社区）村（居）务监督工作台账

序号	时间	监督事项	具体内容	决策情况	公示情况	执行情况	备注
例：×	×年×月	党务、村务、财务等重大事项	简述研究决策的事项内容	是否通过	是否公示	如何执行	

社旗县村务监督委员会成员退出办法
（试行）

为推进全面从严治党向基层延伸，进一步完善村党组织领导的充满活力的村民自治机制，规范村务监督委员会的管理，提升乡村治理水平，结合我县实际，特制定本办法。

第一条 村务监督委员会由参选村民参加的村民会议或者村民代表会议在参选村民中推选产生。

村务监督委员会的推选与村“两委”换届选举同期举行，任期与村“两委”相同。

村务监督委员会的推选由村民选举委员会主持。

第二条 村务监督委员会工作移交的程序与法律后果与村民委员会相同。

第三条 对不履行职责、不发挥作用的村务监督委员会成员，可由村党组织予以批评教育，经教育不改的可由村民会议予以罢免。具体程序参照村委会成员罢免程序进行。

第四条 村务监督委员会成员因故辞职的，应当书面向村党组织提出，村党组织应当在收到书面辞职后的5日内公告。

第五条 村务监督委员会成员有下列情形之一的，其资格自行终止：

（一）死亡的；

（二）涉嫌严重违纪违法已立案调查的或者监察调查的；

（三）犯罪事实已查清依法需追究刑事责任的；

（四）给予撤销党内职务、留党察看、开除党籍的；

（五）依照法律被剥夺政治权利的；

（六）两年内受到两次以上行政拘留处罚的；

（七）连续两次民主评议被评为不称职的；

（八）迁出到外地居住的；

（九）丧失中华人民共和国国籍的；

（十）丧失行为能力的；

（十一）有其他情形不适合村务监督委员会工作的。

村务监督委员会成员资格自行终止的，应当予以公告，并报乡镇纪委备案。

第六条 村务监督委员会成员有下列情形之一的，其资格当选无效：

（一）以金钱或者其他财物贿赂选民或者代表，以暴力、威胁、欺骗或者其他非法手段，妨害选民和代表自由行使选举权和被选举权的；

（二）伪造选举文件、虚报选举票

数或者有其他违法行为的。

第七条 村务监督委员会成员因职务终止或者其他原因出缺的，经村民会议或者村民代表会议决定，可按照原推选得票多少的顺序依次递补或者补选。

届中出现村务监督委员会成员出缺或需要补选的，村民委员会应及时组织召开村民会议或者村民代表会议进行补选，程序参照村民委员会选举投票程序。补选个别成员的，在村党组织领导下，由村务监督委员会主持召开村民代表会议补选；补选全体成员的，在村党组织领导下，由重新推选产生的村民选举委员会主持。

补选的新村务监督委员会成员的任期至本届村务监督委员会任期届满时止。

第八条 村务监督委员会每半年向

村党组织汇报一次工作，每年向村民代表会议至少报告一次工作情况，接受村民代表的民主评议和监督。如遇特殊情况或重大问题，应及时主动请示报告。

第九条 有下列行为之一的，由上一级人民政府责令改正并对直接责任人给予处分：

（一）违反法律、法规规定确定村务监督委员会候选人和停止村务监督委员会成员职务的；

（二）无正当理由不组织或者拖延村务监督委员会换届选举的；

（三）以不正当手段妨害村务监督委员会成员履行职责的。

以上内容社区居务监督委员会工作参照执行。

附录

66年"廉风"刮不停 社旗县完粮徐村"82条铁律"育出干净担当好"村官"

（2022年2月18日《河南日报农村版》）

"第81条，村民理财小组有权参与本村财务计划和各项财务管理制度的修订，否决不合理、不符合规定的开支；第82条，审计结果要进行公示。"近日，在社旗县陌陂镇完粮徐村虎年春节后的第一次"两委"全体会上，村党支部书记韩金山铿锵有力地为大家宣读完粮徐村"82条铁律"。

"这82条纪律，咱村已经传承了66年呀。它是咱履行村务财务职责的'铁规矩'，更是为群众服好务的'传家宝'，我们丝毫不能违反……"听完大家的发言，韩金山进一步强调。

66年间，完粮徐村高擎"82条铁律"搞村民自治。特别是近年来，该村创下了群众“零上访”、干部“零违纪”的新纪录。

制度立起来，权力管起来

完粮徐村，在社旗县城北40多公里、方城县城南约20公里处，与5个乡镇接壤，属典型的“三不管”地带。

1956年，完粮徐村党支部书记韩遂彬刚一上任就提出要建立财务管理铁律，并开始着手制定村组财务管理制度。随着时代变迁和国家相关政策改革，韩遂彬坚持边尝试实践边完善健全，到20世纪80年代农村实行家庭联产承包责任制后，一整套制度基本成型。半个多世纪里，这份在实践过程中逐渐形成了包括现金管理、收支审批、出差会议补助、来客接待、公共财物管理、财务政务公开、档案管理、报账审计等在内的八大项制度82条细则，被完粮徐村村组干部一直视若珍宝，时刻挂在心里、镌刻在行动上。

硬起手腕抓落实，以身作则当表率。1990年，村治保主任因违规支出48.6元招待费被当即撤职。利剑高悬，遏住了违规违纪的咽喉；率先垂范，树起了清正廉洁的标杆。

刮廉风扬正气，解民忧顺民意，两袖清风谋发展，成为村组干部的行动自觉。“直到1994年退休，老支书韩遂彬连一支钢笔也没报销过。”村会计赵全营说。

韩遂彬一心跟党走的忠诚和公正廉洁的品格，为继任者留下宝贵的精神财富。1996年11月，退伍军人韩金山接任村党支部书记。4年的部队历练，12年的村级工作实践，让韩金山深悟“公生明，廉生威”的真谛，他誓言“学习老一辈、廉洁为群众，严守

‘82条铁律’”。

为了便于管理，韩金山不断完善管理制度。2000年许，该村成立了群众监督小组和民主理财小组，村里大小事务坚持“阳光作业”。2012年，改设村务监督委员会，韩金山和村组干部自觉接受监督。2015年，实行“村账乡管”，村里每季度公布一次账目，做到乡亲明白、干部清白。

“我干支书20多年来，别说‘苍蝇’，完粮徐村连一只‘蚊子’也没有。”“82条铁律”的执行，让韩金山坚定而自信。

干部带头干，啥事都好办

“村看村，户看户，群众看的是干部；干部带头干，啥事都好办。”这是韩金山多年来的工作信条和制胜法宝。

“最难的时候，就是宅基地划分、村民房屋整排安置。”回忆起20世纪

80 年代末乡村规划将宅基地收归集体，再重新统一分配推行排房，让当时刚退伍进村工作不久的韩金山至今仍感慨万千。大家都守着自己的宅基地，谁都不愿“上交”：位置好的怕重新分配“吃亏”，位置不好的吵着闹着要求统一规划调整，又怕老宅基地上交后新的分不回来。村干部挨家挨户跑断腿、磨破嘴，工作就是开展不下去。“那段时间，村里乱成了一锅粥。”

“当干部就得能吃亏！”眼看着排房规划就要泡汤，老支书韩遂彬二话没说，第一个交出了群众认为是“好位置”的宅基地；紧接着，褚永顺、周士卿、杜春坡等党员干部纷纷效仿，也带头交出了自家的宅基地……就这样，原本涉及的 160 多起宅基地纠纷迎刃而解，乡村规划得以顺利实施。如今，完粮徐村已发展成当地的美丽乡村示范村，村民们说：“这都多亏了当时打下的好基础。”

“俺村的村干部都是好样的。”在完粮徐村采访，感触最深的是老百姓的有口皆碑。的确，几十年来，村里加班吃的饭永远是“一碗端”，从没突破“82 条铁律”中第 42 条规定的“每人每顿 5 元”标准。决战决胜脱贫攻坚，村里严格落实“六个精准”要求，全村 122 户 433 人建档立卡贫困群众如期脱贫。

“82 条铁律”推动村组党员干部练就了一心为民的情怀，铸就了公平公正勤俭节约的品质，树起了威望，赢得了民心，完粮徐村一切都顺顺当当。

产业促发展，村强民富裕

坚守“82 条铁律”，守好并壮大村集体“家底”，带领群众尽快过上好日子，实现村强民富，始终是韩金山等村里一班人的初心和追求。

廉洁也是生产力，依托“三粉”奔富路。20世纪90年代，韩金山就建起了社旗县第一家粉丝厂，并带领全村及周边群众300多户发展“三粉”产业致富，完粮徐村一举成为全县的经济强村。从2008年起，为响应上级环保政策，韩金山主动关停粉丝厂，带领乡亲们走出去，联合投资入股河南华玉粉业集团有限公司“做股东”，借助原有销售网络，在全国各地设立“三粉”销售网点300余家，年销售收入超过8000万元。

廉洁增强吸引力，回归创业产业兴。在廉洁清风吹拂下，2016年，在山东龙口从事“三粉”机械生产的完粮徐村魏庄村村民郭来中，带着先进管理技术和三项专利回到家乡，建起了科得鑫薯业机械厂，产品出口俄罗斯、哈萨克斯坦、泰国等地，年产值1800万元，带动近百人就业。2018年，在广东打拼的褚现有回乡创业，成立邦汇环保机械有限公司，在生产洗碗机等设备的同时，在褚现有的带动下，周边30多位年轻人成为全国各地抢手的专业维修工程师。2020年，薛书全也带回了高级服饰的生产线，解决了200余人的务工就业问题。高淼家庭农场、辰景苗木合作社、群鑫农牧公司等绿色特色产业，如雨后春笋般迅猛崛起……

廉洁提升服务力，完善基础惠民生。完粮徐村以“82条铁律”纯洁队伍强基础，换来了经济实力的硬增长，村集体经济收入实现从无到有，去年突破20万元。村里坚持“取之于民，用之于民”，将有限的资金用在刀刃上，架桥铺路修涵洞，安灯植绿治坑塘，件件实事做到群众心坎儿上；做到笔笔账目都公布，实现条条收支皆满意，强村富民的步子越迈越大，乡村振兴的路子越走越顺。

66年坚守，“82条铁律”早已融进了完粮徐村干部群众的生产生活，成为破解十余年“零上访”的“清廉密码”，更为建设廉洁乡村标注了新高度、为乡村振兴战略注入了新活力。如今的完粮徐村干净整洁、美丽如画，生态宜居、产业兴旺，全村近600户3000人，有400多户进城买新房，开上私家车奔小康。

近年来，韩金山先后被评为南阳市百优村（社区）党组织书记、脱贫攻坚工作优秀村党支部书记、“十佳”村（社区）党支部书记、优秀共产党员。该村也先后获得河南省“五个好”村党支部、民主法治村、基层党建示范村和南阳市文明新村、“五个好”村党支部、先进基层党组织等荣誉。

持续夯实村务监督　擦亮廉村富民品牌

——社旗县村务监督工作座谈会侧记

（2022年3月15日《河南日报农村版》）

3月11日，暖阳和煦春风爽，由社旗县纪委监委组织召开的全县村务监督工作座谈会召开，来自全县6个典型乡镇（街道）的党委（党工委）书记、纪委（纪工委）书记，村党支部书记、村监委会主任，以及相关县直单位负责同志会聚一堂，畅所欲言、各抒己见，研讨村务监督工作，共襄廉村富民大事。

就在2月18日，一篇题为《66年“廉风”刮不停——社旗县完粮徐村“82”条铁律育出干净担当好“村官”》的报道，通过本报头版头条刊发后，迅速在宛东大地引发热烈反响。在社旗县委、县政府的重视支持下，座谈会如期召开。

上午9时，座谈会开始。大家以完粮徐村为标杆，就如何进一步加强村级民主监督管理，提升村务监督整体水平，以点带面推进创树更多廉村富民新品牌，展开了热烈的交流讨论。

“公生明，廉生威，村‘两委’坚持学习老一辈、廉洁为群众，严守‘82条铁律’，使铁律精神传承下来，实现了‘82条铁律’跟新时代村务监督委员会的精准对接。”座谈会上，完粮徐村党支部书记韩金山首先发言：“立规矩更得守规矩，制度定得再好，关键得落实好；村务监督委员会监督执行‘82条铁律’，为村‘两委’加上了一道保护锁，将‘小微权力’装进了制度的笼子，以坚决落实遏住了违规违纪的‘咽喉’，换来了群众明白、干部清白；廉洁化作生产力，廉村富民人心安，各项事业大发展。”

“村务监督委员会就是群众的‘眼睛’，干部的‘帮手’。”韩金山的话，引起了赵河街道河南街村监委会主任杨清云的强烈共鸣。她说，作为村务监督委员会干部，要强力推动监督机制创新，努力当好群众诉求的“情报员”、各项决策的“宣传员”、矛盾纠纷的“调解员”、民主决策的“监督员”，做到工作到位不越位、帮忙不添乱、出力更出彩，让村里各项事务更加公开透明，让村“两委”班子更加廉洁自律，让老百姓更加满意幸福。

“我们镇纪委专门制作《村务监督》口袋书，清晰列明职责事项、履职要求和履职方式等要素，教会村监委会成员如何规范、有序、高效履行监督职责。”村务监督委员会的干部好不好，得让群众说了算，郝寨镇纪委书记刘兴向与会人员分享了郝寨镇关于村务监督的“三单”管理工作法：建立“履职清单”，明确细化监督职责；建立“实绩清单”，日常监督讲求实效；建立“民议清单”，让群众考评促干部履职。

…………

6个典型村发言过后，热烈的讨论接踵而来，大家敞开心扉，畅所欲言，结合自身实际，谈体会、讲实例、话举措、谋方向，现场气氛异常热烈。

“去年以来，我们明确各村监委会在参与村级事务、财务管理过程中，要坚决做到‘两个必须’，即凡需要‘4+2’工作法通过的村级事务必须全程参与，凡是需要报账的村级财务凭证必须全员签字认可。”作为一名“墩苗”干部，社旗县副县长、晋庄镇党委书记张建洋不仅工作扎实，而且颇具敏锐性，在看到《河南日报农村版》的报道后，他在第一时间邀请了韩金山到晋庄传经送宝，并对全镇各村“两委”和监委会成员进行培训交流。“对标先进找差距，建章立制抓落实，后发赶超见成效，让廉风在晋庄迅速刮起来。”张建洋信心十足。

“只有真正问政于民、问计于民，才能保持村监委会的长久活力。”

“只要做到公平公正公开，农村啥事都会迎刃而解。”

“发挥村监委会作用，真正把村里的人、钱、物、事管好了，干部就会廉起来，村民就能富起来。”

…………

赊店镇党委书记李国伟、桥头镇党委书记姚勇、河南街村党支部书记刘春生、小河流村监委会主任段周明等镇村干部结合各自工作实际纷纷踊跃发言。

在热烈的讨论现场，还有两个声音格外引人注意。

“村监委会主任的选拔标准要提高。对于年龄和文化程度，应该有更高的要求以适应新时代的监督要求。另外，村监委会委员的待遇应该提高，提高了待遇，干劲更足，更能激起干事创业的责任心。”陌陂镇党委书记尹金奇掷地有声。

“没考核就没有监督。我们的村监委会还存着认识不足、覆盖面不广、胆子不大的问题。要在宣传政策、培训素质、摸底澄清、尽力尽责、考核提质等五个方面下足功夫。”郝寨镇党委书记关剑伟，针砭时弊，痛击要害。

社旗县完粮徐村以“82 条铁律”实现廉村富民的经验，也引起了南阳市纪委监委的重视和极大兴趣。第二监督检查室主任孙波、宣传部部长梁林等专门到会“助阵”讲话。

“推动监督向基层延伸是党中央提出的明确要求，也是推动全面从严治党向纵深发展的重要内容和有力举措，省纪委监委也专门发文对规范‘小微权力’运行提出了要求，社旗对强化村级管理作出了有益的探索。”孙波指出，要把好选择村务监督队伍的关口，更好发挥监督资政和参谋助手的作用，当好方针政策的“宣传员”、干部履职的“监督员”、干部群众的“联络员”。

“经《河南日报农村版》的报道，完粮徐村的经验广为人知。”梁林希望社旗把“82条铁律”与村监委会、基层治理、乡村振兴结合起来，把经验由村到镇再到县持续推广。

“完粮徐村的实践充分证明，廉政建设关键是要有好制度、好机制和好班子。完粮徐村为廉洁乡村建设提供了新样本。”社旗县委常委、县纪委书记、县监委主任李淑琳表示，要创新复制、放大完粮徐村的典型经验，进一步明思路、选突破、定载体、建机制，力争在短时间内打造3～5个村务监督工作规范高效运行的试点村，创新实践总结经验，并通过2～3年的努力，推动村务监督工作以点带面全面铺开，创出在全省乃至全国都叫得响的廉政建设新品牌。

中午12点，座谈会结束，大家意犹未尽，走着说着、议着、交流着，谋划着社旗廉村富民助力高质量跨越发展的新目标……

李淑琳同志在社旗县村务监督工作座谈会上的点评

（2022年3月11日）

为进一步发挥村务监督委员会作用，切实提升村务监督委员会成员履职水平，今天我们在这里举办全县村务监督工作座谈会。目的就是让大家交流村务监督工作经验，相互学习借鉴，完善和规范村务监督委员会的运作机制，促进村务监督委员会在服务新农村建设、推进农村基层党风廉政建设、维护农村和谐稳定发展中发挥积极作用。

刚才，陌陂镇完粮徐村监委会主任介绍的完粮徐村两任村党支部书记1956年至今的66年间接续奋斗，建章立制，实现了老支书“82条铁律”跟新时代村务监督委员会工作的精准对接，树立了廉洁乡村的新标杆，完粮徐村创下连续10年“零上访”的新纪录的情况，桥头镇小河流村监委会主任介绍的监督运用“四议两公开”工作法和协助村“两委”发展蔬菜产业的做法，赵河街道河南街村监委会主任介绍的充分发挥好“四员”（情报员、宣传员、调解员、监督员）作用的做法等，这些都是典型的好做法，希望大家下去后积极交流，相互学习。下面，我就村务监督工作讲三方面意见：

一、要提高政治站位，统一思想认识

推动全面从严治党向基层延伸，是事关党的执政基础巩固的重大问题，关键是看村（社区）一级监督工作扎不扎实，群众身边的腐败和作风问题有没有得到遏止。村务监督委员会制度是党和国家持续推进全面从严治党向基层延伸的有力举措和重大探索，是进一步加强基层民主政治建设、推动农村基层党风廉政建设、促进基层和谐稳定发展的重要保障，也是深化国家监察体制改革中关于“全面推进监察职能向乡镇延伸要求”的重要抓手。设置村务监督委员会，绝不是增加一套村干部班子，而是赋予大家监督职责，是最基层、最直接的监督力量，大家一定要提高政治站位，更好地找准基层监督着力点，发挥村务监督委员会的“监控探头”作用，推动全面从严治党“不留死角”。

近些年，尽管各级党风廉政建设和反腐败斗争取得了历史性成就，但形势依然严峻复杂。党风廉政建设目前存在“上热、中温、下冷”情况，一些发生在群众身边的不正之风和腐败问题得不到及时查处，群众对此反映强烈。从信访工作上来看，县纪委2018年以来受理的信访举报问题线索中，涉及村组干部的占总量的约50%，且农村党员干部受处分人数占比逐年增加。大部分农村党员干部违反的都是工作纪律、廉洁纪律等，主要表现在工作职责履行不到位、“四议两公开”工作法执行不到位、集体“三资”管理不规范等。因此，大家要充分认识到，基层的党风廉政建设和反腐败斗争工作任务依然艰巨，对基层的监督力度需要进一步加强，监督的方式方法需要不断创新，全面从严治党的“最后一公里”需要在座各位担当尽责，落实到位。

二、要勇于责任担当，认真履职尽责

一是要敢于监督。“有为才有位”，村监委会只有敢于监督，才能在村“两委”和群众中赢得地位、赢得尊重、赢得民心。但需要提醒的是，敢于监督不是找茬滋事，更不是无中生有，而是要以大局为重，以群众利益为重，处事既要有原则性，又要有灵活性。要敢于纠正村“两委”主要领导决策失误、村干部权力失控和党员干部行为失范等问题。也只有这样，才能切实维护广大群众的利益，使村干部少走弯路，少犯错误。

二是要善于监督。要管好事，围绕群众日常生活中的“小微权力”开展监督，盯着村级集体财务收支和重大工程是否合理合规开展监督；要管好人，把监督的重点放在对村“两委”班子成员，看看他们作风是不是过硬，是不是真心实意为群众办好事办实事，是不是有违反党政纪行为等；要管好钱，在管好集体“资产、资金、资源”

方面发挥好监督作用，保障村资金使用合理规范，资产、资源得到公开处置和合理开发利用。

三是要清廉自守。“打铁还需自身硬”，做到遵纪守规、清廉履职。我们都是群众选出来的，应该是政治觉悟高、群众基础好，在平时工作中一定要保持住这个优势，时刻紧绷廉洁这根弦。俗话说“祸患常积于忽微”，要坚持从小事上立规矩，从细节上下功夫，强化底线意识，守规守纪守法。

三、要构建合力格局，提升监督成效

村务监督是加强农村党风廉政建设的一项重要工作，涉及部门多、领域广，政策性强，必须调动各方面的力量，形成齐抓共管的工作合力。乡镇（街道）党委（党工委）要切实履行主体责任，强化工作统筹，定期听取村务监督工作汇报。要加强教育管理，完善考核机制，考核优秀的可给予适当奖励，对不认真履职尽责的进行批评教育、责令改正。要落实好保障机制，充分保障村务监督委员会在政治上有地位、经济上有补贴。乡镇（街道）纪委（纪工委）要加强直接管理，督促村党组织主动接受村务监督委员会监督，定期对村务监督委员会履职情况进行监督检查。要组织好教育培训，每年对村监委会成员培训不少于1次。

村“两委”要支持村务监督委员会工作开展，虚心接受村监委会的监督，进一步规范权力运行和村务管理流程。村务监督委员会要严格按照县级文件制度规定，在乡镇（街道）纪委（纪工委）和村（社区）党组织的双重领导下开展工作，落实好监督责任，做到到位不越位、帮忙不添乱，依规依纪依法开展工作。

同志们，希望通过这次座谈，大家能够在思想、业务和工作能力上有所提高，进一步振奋精神，鼓舞干劲，共同把我县村务监督工作和基层党风廉政建设推上新的台阶！

（李淑琳，社旗县县委常委、县纪委书记、县监委主任。）

学习笔记页